O CAMINHO PARA

O

A Economia Aberta

Colin R. Turner

O Caminho Para a Economia Aberta
Copyright ©2016 Colin R. Turner.

Tradução portuguesa por Carlos Rui Ribeiro.

Publicado por Applied Image, Outubro 2017
ISBN: 978-0-9560640-7-3
Primeira edição 2016 (inglês)
Versão de texto 1.2

Editado por Krisztina Paterson e Sarah McIver.

Notícias sobre o livro e atualizações podem ser encontradas
em:
colinrturner.com
facebook.com/theopeneconomy

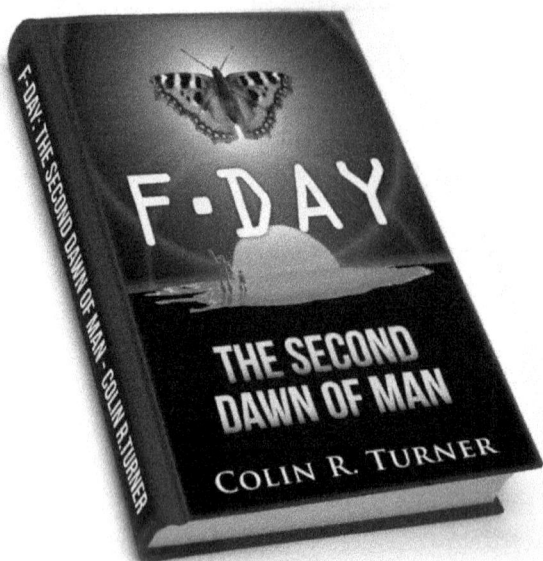

A vida é um segredo aberto.

Tudo está disponível.
Nada está escondido.

Tudo o que precisas são os olhos
para ver.

~ OSHO

Índice

Uma Oferta

Eu ofereço este livro em boa-fé na qualidade de preocupado coabitante da Terra. Acredito que isto me torna tão qualificado como qualquer outro para apresentar algumas opiniões e opções para uma sociedade alternativa que eu sinto que precisam urgentemente de ser expressadas. Mas, antes de começarmos:

➢ Se procura um longo e complexo manifesto de teorias complicadas, não irá encontrá-lo ou encontrá-las aqui. As ideias expressadas aqui são simples porque as soluções que proponho são simples.

➢ Se procura um documento autoritário, carregado com citações, referências, e um autor com acreditações académicas, não irá encontrá-los aqui. Todas as ideias expressas neste livro são baseadas no senso comum e na experiência quotidiana. A minha única qualificação é a experiência de uma vida de quarenta e oito anos, dos quais os últimos cinco, desde a autoria do *The Free World Charter*, passados a meditar muito sobre este tema.

➢ Quase nada neste livro é novo. As ideias

expressas aqui irão quase de certeza ser-lhe já familiares. A única coisa invulgar é a forma como vamos aplicar ou combinar essas ideias.

Se se sente confortável com estas "regras de compromisso" e está interessado em explorar algumas possibilidades surpreendentes para o nosso futuro, então por favor siga-me…

Introdução

O formato deste livro – como tudo o mais acerca dele – é simples. Eu apresento uma solução para um problema ou um método alternativo de conseguir alguma coisa, e depois o porquê de eu achar que vai funcionar. As evidências e as referências para as minhas alegações serão (espero) evidentes por si mesmas, com base na sua *própria* experiência.

Quando se trata de aprender informação nova, não há simplesmente comparação com *experimentá-la*. É por isso que eu penso que esta abordagem irá resultar melhor para explicar a Economia Aberta. Em vez de desperdiçar o meu tempo e o seu a desenvolver grandes quantidades de informação, posso mostrar-lhe como isto funciona com base naquilo que *já sabe*.

A nossa visão do mundo foi inundada de teorias. Teorias respeitantes ao comportamento e à economia que eu acredito que estão agora a limitar o nosso leque de possibilidades.

Deixem-me lembrar que as áreas de conhecimento da economia e do comportamento humano assentam em *observações*. Não preveem o futuro nem definem regras a que temos de obedecer.

Muitas destas teorias baseadas em observação foram

criadas há centenas de anos. Desde então, a mecanização, a eletricidade, a informatização e as comunicações alteraram as regras do jogo neste planeta para sempre. Isso deu-nos o potencial para alterar radicalmente o nosso ambiente, e consequentemente o nosso comportamento *e* a economia.

O nosso mundo está em constante mudança. E embora possamos criar teorias convincentes, não estamos sujeitos a elas.

A sua fonte de referências mais valiosa é a sua própria experiência de vida e a das pessoas à sua volta. Os meios de comunicação social e o pensamento dominante apresentam uma visão distorcida do mundo. É dada importância exagerada às ações de pessoas "más", mas *em grande medida essas são exceções à norma de comportamento*. O número de pessoas verdadeiramente más no mundo é na verdade estatisticamente irrelevante. É de *crucial* importância lembrar isto.

Quase todas as pessoas de quem me consigo lembrar – que conheci pessoalmente – são pessoas razoavelmente boas. Mesmo que nem sempre sejam boas para mim, eu sei que o seu comportamento é bom com as pessoas de quem *realmente* gostam, e que compreendem o que significa fazer a *coisa certa*.

Esta parece ser também a experiência de todas as pessoas que questiono. As boas pessoas são uma vasta maioria. Gostaria que aplicasse esta perspetiva ao fazer a avaliação dos conceitos deste livro. Suporte as suas conclusões *apenas* no comportamento de pessoas que *conhece pessoalmente,* e não em meras impressões recolhidas.

Por último, na capa deste livro faço a bastante ousada afirmação: *"Como tudo o que sabe sobre o mundo está prestes a mudar"*, e pode muito bem estar a pensar como posso eu sustentar tal observação. Bom, eu acredito que posso, porque esta afirmação é, de facto, uma espada de dois gumes.

O mundo que conhece *está* prestes a mudar – seja, de uma forma geral, em alinhamento com os princípios expressos neste livro, em direção a um futuro sustentável e mais justo para todos - ou continuar cegamente no seu caminho imprudente em direção ao declínio social, à violência e à catástrofe ambiental. *Tem* que seguir numa direção ou na outra.

Eu prefiro a primeira opção – e a boa notícia é que é algo que podemos concretizar em conjunto com um mínimo de esforço. Então, vamos começar.

O(s) Problema(s)

Este livro pretende ser um livro de soluções, e por isso não irei aqui alongar-me demasiado sobre os problemas do mundo. A maior parte deles são óbvios. Mas, caso lhe tenha escapado algum, aqui estão eles de forma breve:

➢ Perpetuação do crescimento económico – que requer cada vez mais recursos – em conjunto com a expansão da população, num planeta com recursos finitos.

➢ Destruição implacável e permanente do habitat natural, para manter a indústria e a agricultura, em detrimento da biodiversidade.

➢ Uma enorme desigualdade social e de rendimentos.

➢ Desemprego e erosão do mercado de trabalho através da automação e dos sistemas de inteligência artificial.

➢ Comportamento irresponsável, desperdício e ineficiência causada pela prioridade dada ao lucro, ou seja, o que é bom para os outros ou para o ambiente ou é deixado ao acaso ou tem que ser forçado através da regulação.

➤ Desperdício de recursos e obtenção de resultados abaixo do que seria possível devido a métodos de produção míopes, ou seja, é mais rentável vender repetidamente algo inferior do que construir algo duradouro.

➤ Desconexão interpessoal e comunitária, ou seja, o comércio e a competição promovem o isolamento pessoal.

Devo acrescentar que estes problemas não estão apresentados por nenhuma ordem em particular. Cada um é em si mesmo um motivo sério para preocupação.

Quando aprofundamos a questão, percebemos que uma parte essencial de cada um destes problemas é o nosso sistema de mercado. Ou, para ser mais preciso, os nossos principais métodos para distribuir recursos e conduzir a sociedade. Nomeadamente *comércio e governo*.

Uma vez que a maioria das pessoas assume geralmente que o comércio é um facto imutável da vida, a pergunta surge: podemos melhorar os nossos sistemas de comércio e governo para que sirvam melhor toda a gente?

Enquanto *é* definitivamente possível melhorar o que temos – e muitos governos progressivos estão a fazê-lo – estes sistemas são pela sua própria natureza limitados e ineficientes. *Nós simplesmente não nos podemos dar ao luxo de desperdiçar mais tempo e de nos*

restringirmos a nós próprios e ao planeta desta forma.
Deixe-me mostrar-lhe o que quero dizer.

As Limitações da Governação

Em primeiro lugar, precisa de saber que um governo tradicional, na realidade, não é mais do que um prolongamento do sistema de comércio, sendo os seus principais deveres supervisionar e regular a economia.

Imagine por um momento que não temos necessidade de nenhum tipo de economia de comércio. Nem mercados, nem dinheiro, nem empregos, salários, contas ou impostos. Rapidamente se torna difícil perceber que poder ou propósito um governo teria num sistema assim.

Sendo ele próprio uma *parte* da economia, o governo está limitado no que pode fazer. Todos ouvimos já muito sobre cortes em serviços estatais, a dívida nacional, ou histórias de corrupção, *lobby* empresarial e interesses escondidos em políticas indesejáveis. O governo – e os seus membros individuais – estão todos muito subjugados à economia, e consequentemente têm um controlo muito limitado sobre ela.

O que pode fazer é imprimir dinheiro, distribuir financiamento estatal e definir taxas de juro. Mas, como qualquer economista lhe dirá, imprimir dinheiro não resolve nada. Os preços simplesmente sobem em conformidade ao longo do tempo. A despesa do estado e as taxas de juro não controlam a economia – são meras *reações* a ela. Quando a economia está bem o governo gasta, quando a economia está mal o governo corta.

Em vez de moldar a economia, tudo o que o governo está realmente a fazer é "gerir a sua casa" o melhor que pode, tendo os frutos da economia no seu todo depositados à sua porta.

Quanto à ideia de nações – as fronteiras velhas de séculos que utilizamos para nos definirmos – não servem na realidade para mais do que dar aos governos uma razão para existirem. Sim, necessitamos de administração local. Mas esta noção antiga de "nações" isoladas, restringindo o livre movimento de pessoas e recursos no século XXI é algo absurda – e perigosamente divisiva.

Enquanto abanar a bandeira pode dar a alguns uma sensação de orgulho nacional, provoca também animosidade nos forasteiros. Que possível propósito serve esta divisão?

Pensando bem, todos nascemos em nações em cuja criação não tivemos qualquer mão, ato ou participação. Então estamos orgulhosos de quê? Há muitas coisas mais salutares de que nos orgulharmos, como as nossas próprias realizações, os nossos filhos, a nossa equipa, etc.

Poderá ter reparado que o governo é de longe a

entidade que mais promove o patriotismo. Imagino que enquanto as pessoas sentirem que são parte de um "país", mais rapidamente aceitarão a legitimidade do governo. Mas pense nas pessoas que conhece. Quantas se preocupam realmente com fronteiras? Para a maior parte das pessoas comuns, as fronteiras não são mais do que um incómodo durante as viagens.

E o que dizer sobre a lei? Não é essa uma importante função do governo?

Bom, primeiro pergunte a si próprio isto: porque é que em primeira análise temos leis? Porque algumas pessoas fazem coisas más. Então, *por que* é que algumas pessoas fazem coisas más? Essa é a pergunta que uma espécie inteligente devia estar a fazer a si própria, em vez de se focar em castigos intermináveis, justiça e legislação. Devíamos questionar as razões para o comportamento antissocial e resolver esses problemas de forma direta.

Se precisa de uma lei que lhe diz o que pode e não pode fazer, não é esse um sinal de que o sistema não está a atender as necessidades das pessoas, e de uma população com educação deficiente? Não deveríamos aspirar a uma sociedade em que as pessoas não *querem* nem *precisam* de prejudicar outras?

A lei é um instrumento brusco que usamos para esconder o nosso falhanço em criar uma sociedade devidamente educada e estimulante. Dê às pessoas o que elas querem e elas não terão de roubar o que é seu. Fortaleça a empatia natural das pessoas e elas compreenderão por que não devem prejudicá-lo. Isso não impedirá todos os crimes, claro – mas deverá eliminar cerca de 99%.

Trataremos de lei e educação em mais detalhe em próximos capítulos.

As Limitações do Comércio

O comércio é o subproduto natural da escassez. Quando é difícil conseguir algo de que precisa – seja uma coisa ou uma competência – normalmente aparece o comércio. Em geral é um bom sistema: eu consigo o que quero, você consegue o que quer, e toda a gente vai para casa feliz. O que há de errado nisto?

Bom, olhe à sua volta e rapidamente verá que esta versão "de manual escolar" do comércio não funciona bem fora do manual. Recursos valiosos são monopolizados; a procura do lucro destrói o ambiente; a riqueza monetária está fortemente concentrada; a capacidade de vender o seu trabalho e competências por um preço justo está a ser rapidamente diminuída pelos avanços técnicos, tornando a negociação cada vez mais difícil.

A verdade é que qualquer sistema de mercado livre e propriedade privada irá sempre conduzir a uma concentração de riqueza e poder. Porquê? As razões são tragicamente simples: 1) algumas pessoas são melhores do que outras a fazer negócios, e 2) é muito mais fácil *aumentar riqueza existente* do que criar nova riqueza, isto é, pode promover os seus serviços e competências de forma mais eficaz, contratar pessoas qualificadas para o ajudar, e superar mais erros pelo caminho.

A concentração de riqueza é uma *inevitabilidade fundamental* de um sistema de mercado e propriedade. Cria um fluxo de sentido único, canalizando gradualmente a riqueza para cima.

É importante notar que qualquer sistema que opera com base na escassez incentivará sempre o comportamento ganancioso e auto interessado. É perfeitamente natural querer acumular coisas que são escassas. Quer o seu anseio seja um segundo pedaço de pão ou um segundo barco a motor, o processo mental é o mesmo: "Se é difícil de conseguir, eu quero mais". Acrescente o tempo a este pensamento baseado na escassez e, bem, chegará até onde estamos hoje – a riqueza conjunta de metade do mundo nas mãos de menos de cem pessoas.[1]

Mesmo que tudo isto não fosse assim, há uma segunda razão para o comércio ser limitado. Tecnologia.

A nossa tecnologia chegou a um ponto em que é incrivelmente fácil produzir as coisas de que necessitamos comparando, por exemplo, com há cem anos atrás. Isto são ótimas notícias, mas significa que estamos a corroer totalmente também o mercado de trabalho. Assim que surge uma tecnologia para substituir um emprego humano, então isso acontece

---

[1] De acordo com o relatório Oxfam Davos de 2016, *"A Economia dos 1%"*, metade da riqueza mundial está neste momento nas mãos de 62 indivíduos.

imediatamente, e esse emprego nunca mais volta.

À medida que mais e mais pessoas são substituídas devido à tecnologia, mais sobe o desemprego, menos poder de compra as pessoas têm, mais disfuncional se torna o sistema.

Vamos ser claros: sem empregos, *não há economia*, e nos dias de hoje os nossos empregos *estão a ser continuamente* perdidos para a tecnologia.

Então, o nosso perfeito sistema de comércio "de manual escolar" ficou bloqueado. A única razão para estar ainda a funcionar é o crédito. À medida que mais riqueza é canalizada para cima – para nunca mais voltar – governos e bancos libertam continuamente linhas de crédito para manter o sistema a fluir. Este é o mundo em que vivemos hoje: economias sustentadas totalmente pelo crédito. Ou, dizendo-o sem rodeios, em *absolutamente nada*.

Mas não é apenas nada. Em termos económicos, estas são *dívidas sobre o futuro dos nossos filhos*, a que estão a ser acrescentados juros minuto a minuto. Se nunca mudarmos as regras, que tipo de futuro comprometido é este que deixamos para trás?

O fluxo de crédito, criado atualmente pelos bancos comerciais[2], é a principal fonte de dinheiro novo a

---

[2] São realmente os bancos comerciais que criam a vasta maioria do novo dinheiro através da concessão de empréstimos. Pesquise no Google "criação de dinheiro na economia moderna".

entrar na economia – o que nos confronta com um paradoxo: como pagar juros de um empréstimo se o dinheiro para pagar esses juros *nem sequer existe*?

A única maneira de o fazer é através de outra dívida, criando assim um ciclo contínuo de dívida, inflação e tributação acrescida. Isto é claramente um estado de coisas irrealista e insustentável.

Desconexão

Um dos efeitos secundários mais prejudiciais do sistema de mercado é a forma como fomenta a desconexão entre nós.

Agências corporativas promovem incansavelmente a vergonha, o medo, a culpa e a competição como forma de nos fazerem comprar os seus produtos. As suas agendas orientadas para o lucro são injetadas de forma indiscriminada na sociedade através de poderosas ferramentas de comunicação, que nos desligam dos verdadeiros custos físicos, sociais e emocionais dos seus produtos.

Vemos produtos anunciados por preços de saldo, mas raramente pensamos – e nunca nos mostram – que "cantos foram cortados" para tornar esses preços possíveis. A maior parte das "pechinchas" são conseguidas através de exploração humana ou extração irresponsável de recursos.

Este primordial imperativo do lucro criou um monstro – uma cultura de consumo, que nos hipnotiza para que desejemos bugigangas brilhantes e "gadgets" – pagando um custo escondido que é a nossa autoestima, as nossas relações e os recursos naturais.

Até o uso do próprio dinheiro elimina a necessidade de

qualquer relação entre comprador e vendedor. Pode entrar numa loja e pagar uma maçã sem dizer uma palavra ao seu companheiro ser humano que está a vendê-la. Que surpreendente descoberta ou oportunidade pode estar a ser perdida?

As forças de mercado regularmente excluem a conservação, ao tornarem mais barato deitar algo fora e substitui-lo em vez de repará-lo.

Talvez o maior perigo de todos é a forma como o nosso sistema nos desconecta do nosso próprio senso comum ou senso moral.

Tudo o que vai desde passar ao lado de um caixote de lixo caído (porque "não é o seu trabalho") até acatar ordens do governo para matar outras pessoas, são marcos na nossa desconexão com o mundo à nossa volta e connosco próprios. Estamos *desconectados da obrigação de sermos pessoalmente responsáveis*.

Alguma vez pensou que um soldado de combate regular que obedece a ordens é na verdade um assassino? Ele ou ela abandonaram completamente o seu senso interior de moralidade para infligir morte e destruição nos outros. Não é incrível que quase toda a sociedade considere isto normal? Em alguns casos até honroso?

Quão mais desconectado pode estar para matar outra pessoa alegremente e acreditar que não está a fazer nada de errado? Em qualquer outro contexto chamaríamos a isto comportamento psicopata.

O sentimento subjacente de desconexão uns dos outros e as consequências dos nossos atos – multiplicados por sete biliões de pessoas – são a razão para a dissonância caótica e a desconfiança que todos no mundo sentimos hoje em dia.

Tornámo-nos confusos, inseguros, e – apesar de toda a nossa maravilhosa tecnologia de comunicação – crescentemente isolados.

Duas Possíveis Soluções

No que toca à crise da dívida, a aparente solução das mais brilhantes mentes económicas de todo o mundo é apenas chutar o problema para a frente – porque, francamente, eles também não sabem o que mais fazer. A gigantesca dívida global de muitos triliões de dólares do nosso mundo aparece à nossa frente como se fosse um gigantesco erro de calculadora. Mas não é um erro contabilístico – é um erro na forma como gerimos a sociedade.

O nosso modelo de comércio e governação não pode resolver este problema porque a humanidade simplesmente tornou esse modelo ultrapassado. Então, qual é a resposta?

Bom, uma coisa é certa. Nós *iremos* mudar radicalmente a nossa sociedade, ou então a mudança radical *virá* até nós, à medida que os nossos problemas nos aproximam cada vez mais do colapso social, económico e ambiental.

Hoje, temos o luxo de poder escolher, a oportunidade de sermos objetivos e escolhermos o melhor para o futuro. Com a ação certa agora, podemos criar o tipo de mundo com que todos os nossos antepassados seguramente devem ter sonhado num momento ou outro – total libertação da servidão, do trabalho duro, e tempo para satisfazer as nossas paixões.

Mas não temos assim tanto tempo, e temos também um outro problema. As pessoas que normalmente estão encarregadas de promover a mudança social estão adormecidas – ou talvez drogadas – ao volante.

Essas pessoas, os nossos políticos – que têm boas intenções, apresso-me a acrescentar – simplesmente não têm suficiente visão ou ímpeto para implementar mudanças radicais. Quase todos os políticos no planeta são já indivíduos ricos. Foi assim que ascenderam ao poder. Consequentemente, o atual sistema monetário de mercado é o seu *sangue vital*. Para eles, votar contra esse sistema seria uma loucura.

Então, temos que enfrentar o facto de que nós, as pessoas, teremos que fazer essa mudança por nós mesmos.

Se a nossa intenção de fazer as necessárias mudanças radicais para resolver os nossos problemas for séria, então temos apenas duas abordagens possíveis.

Solução um

Executamos uma espécie de reinício económico frankensteiniano, com o perdão de toda a dívida, o despedimento de todos os CEOs trapaceiros, os banqueiros e os ministros, desfazemos as suas empresas e instituições, redistribuímos a propriedade e a riqueza, reduzimos a semana de trabalho, e introduzimos um novo mandato para a governação feita diretamente pelas pessoas.

Esta é a solução preferida da maior parte dos atuais agentes radicais de mudança. Claro que aqueles que controlam a riqueza quase de certeza não concordarão com isto. Mas, mesmo que concordassem, ou se de alguma forma os forçássemos, apenas chegaríamos novamente ao mesmo ponto de partida, devido ao mesmo efeito de afunilamento da concentração de riqueza, o contínuo perseguir do lucro às custas do ambiente, e o sempre decrescente mercado de trabalho.

Por outras palavras, teríamos uma completamente nova elite rica mas todos os mesmos problemas básicos, porque é aí que *logicamente chegamos sempre, se ficarmos dentro deste sistema.* A analogia entre o capitalismo de mercado e o jogo de tabuleiro Monopólio é absoluta. Qualquer competição baseada na escassez irá sempre gravitar em direção a haver apenas um vencedor. Reiniciar a economia seria como limpar o tabuleiro do Monopólio e começar um jogo novo. Desde que siga as mesmas regras, acabará com o mesmo resultado: concentração de riqueza e muitos derrotados.

Solução dois

Paramos, damos um passo atrás, e olhamos para isto com uma perspetiva mais abrangente. Quais são as coisas realmente importantes para as nossas vidas e para a nossa existência a longo prazo neste planeta? De que é que somos realmente capazes tecnicamente? Que limites são reais, e quais são imaginários? Como podemos alavancar o nosso mais útil e mais abundante recurso – nós próprios? É possível operar uma sociedade melhor e mais livre eliminando totalmente o comércio e o governo?

A resposta é, *sim claro que é possível*. E em muitos aspetos, como lhe vou mostrar, já estamos a fazê-lo.

Os métodos e ideias para uma Economia Aberta liberta de comércio e governo já lhe são familiares. Apenas temos que as aplicar de novas formas.

Mas uma Economia Aberta é mais do que a adaptação a um novo conjunto de parâmetros de forma a apenas sobrevivermos, é abraçar uma oportunidade histórica para transcendermos os nossos métodos primitivos e feudais e criarmos um fantástico paraíso vivo para todos.

Pausa para Pensar

Antes de avançarmos, quero dirigir-me àquelas pessoas que lhe irão dizer que "xxx não é possível", ou que "as pessoas são demasiado xyz para que isso aconteça".

Isso é um completo disparate. Nós podemos fazer *exatamente* o que queremos. Nós não somos passageiros desgraçados amarrados a um qualquer destino irremediável. Nós somos criaturas altamente adaptáveis – como evidenciado pelo nosso já notável sucesso evolucionário. Mas quase todas as nossas atuais expectativas de vida são baseadas numa *cultura predatória que nos foi ensinada*.

Nós chegamos ao mundo como telas em branco, para que possamos programar-nos de todo o tipo de formas.

Tire um minuto para pensar na diversidade e largura de comportamentos humanos através do mundo, moldados pelas culturas locais. Olhe para o pastor da Patagónia; o fiel sherpa nepalês; as engenhosas mulheres das tribos Zulu; a estrela de porno americana; os brutais generais nazis ou fundamentalistas islâmicos; o playboy bilionário; o pedinte de rua; o monge celibatário e silencioso; a mãe solteira de quatro filhos; o prodigioso adolescente empreendedor; o bêbado sem remédio.

Assim que se conseguir abster de julgar alguns como bons e outros como maus, poderá começar a perceber que essas são todas *expressões muito diferentes da mesma criatura* – e isso são muito boas notícias! Mostra-nos como somos moldáveis – e dependentes do nosso ambiente mais próximo e do nosso sistema de valores.

Repare na facilidade com que a sociedade ocidental é moldada pela cultura pop, pelos filmes mais recentes, estrelas pop, tendências de moda, o último gadget que é preciso ter, a mais escaldante start-up de Silicon Valley. Repare como ficamos enfurecidos com os escândalos de celebridades que não têm absolutamente nenhuma influência nas nossas vidas.

Goste-se ou não, nós seres humanos somos criaturas extremamente maleáveis e impressionáveis. Mas isso é uma boa notícia porque mostra que somos adaptáveis. Apenas temos que nos programar com a "coisa certa".

A única coisa que alguém pode dizer com alguma certeza sobre a "natureza humana" é que nós somos todos pré-programados para fazer uma coisa: *sobreviver.* Tudo o resto relacionado com o nosso comportamento deriva desse programa. O desejo de ser bem-sucedido, de viver em abundância, de ser popular, de procriar – são tudo meras extensões do nosso desejo pessoal de sobrevivência.

Então, quando alguém diz "as pessoas são egoístas", o

que está realmente a ser referido é o *ambiente* que ensina e recompensa o comportamento egoísta.

Em resumo, e relativamente ao que é possível numa sociedade humana, *nós podemos criar qualquer tipo de sociedade que quisermos*. Desde que essa sociedade sirva o desejo primordial das pessoas pela sobrevivência, então florescerá.

O Que é Uma Economia Aberta?

Eu deduzo a expressão "Economia Aberta" da seguinte forma:

> **ABERTA:** A partir da indústria de software de código aberto: *descentralizada, partilhada, livre.* A partir da definição geral do dicionário: *sem restrições, honesta, transparente.*

> **ECONOMIA:** A partir da palavra original francesa *'économie'*, que significa *gestão de recursos materiais*, e da palavra grega latinizada *'oikonomia'*, que significa *gestão da casa.*[3]

Então eu a definiria assim:

Uma Economia Aberta é a aplicação de um modelo aberto e distribuído ao tradicional sistema económico de circuito fechado. Por outras palavras, em vez de cada indivíduo procurar apenas o benefício para si próprio, um entendimento comum aparece e permite a

---

[3] Na linguagem moderna, o verdadeiro significado da palavra 'economia' perdeu-se em prol de teorias descontroladamente complicadas e, na minha opinião, um particularmente perigoso tipo de pseudociência. Economia é um conceito simples: *como distribuir recursos eficientemente e equitativamente.* Como digo muitas vezes, para definir 'economia' pensa simplesmente em crianças e maçãs – qualquer coisa mais complicada que isto é outra coisa *disfarçada* de economia.

todos beneficiarem todos, incluindo a si próprios.[4]

Claro que uma Economia Aberta não é na realidade *apenas* uma economia. É uma abordagem global aos sistemas para gerir uma sociedade humana compassiva e otimizada que serve toda a gente de forma equitativa. Isto apenas pode ser feito se sairmos das nossas tradicionais restrições do comércio e governação e chegarmos a um acordo relativamente a um propósito comum.

Toda a gente quer viver num mundo melhor – não há nenhuma dúvida acerca disso. Mas, porque estamos todos a esforçar-nos para conseguir uma vida boa para nós próprios, o esforço e a desconexão que isto provoca estão na verdade a tornar as coisas piores para todos – incluindo nós próprios.

Uma Economia Aberta é sobre mudarmos em conjunto as nossas prioridades em direção a um propósito comum. É sobre compreendermos que o pensamento baseado em nós próprios não serve mais os nossos interesses de longo prazo. Se cada um de nós concordar em mudar as prioridades de "eu" para "todos", *todos* ficaremos melhor.

Imagine, por exemplo, um barril com peixes e sete pessoas a pescar desse barril. Todos estão a tentar

---

4 Uma pequena clarificação é necessária aqui. Na economia tradicional o termo "economia aberta" é usado para designar a prática de comércio internacional por parte de um país. *Não* é essa a definição a que estou a referir-me aqui.

apanhar o máximo de peixes para se alimentarem a si próprios. Todos pescam mais ou menos ao mesmo ritmo, sem que ninguém possa parar para pensar na melhor forma de gerir o abastecimento de peixe ou manter a qualidade da água. Porque, ao fazê-lo, irão perder peixes. Eventualmente, por falta de gestão, o peixe desaparecerá.

Um outro possível desfecho será: uma ou mais pessoas desenvolverá uma melhor ferramenta ou técnica para apanhar peixes. Muito rapidamente terão todo o peixe, deixando os outros com fome ou subservientes de alguma forma, por exemplo a precisar de comprar o seu peixe.

Fica claro através deste exemplo que o trabalho de equipa é de longe uma melhor abordagem. Se concordar em trabalhar em conjunto e alocar pessoas a certas tarefas, como gerir o abastecimento, preparar e cozinhar o peixe, ou criar nova tecnologia, o grupo assegura que os stocks são bem geridos e que as melhores e mais sustentáveis técnicas são utilizadas para benefício de todos.

Por outras palavras, as pessoas *mudam o seu propósito de interesse próprio para interesse do grupo*. Isto é o que fazem empresas de sucesso, utilizam trabalho de equipa unido num objetivo central comum: maiores lucros para a empresa. A união em torno daquele objetivo cria eficiência.

Nós somos atualmente sete mil milhões de pessoas à volta de um barril de peixes chamado Terra. *Não* há um objetivo comum, e *não* há um esforço de equipa coordenado para gerir a nossa sociedade e a biosfera de uma forma justa e sustentável. Comércio, governação e divisão estão a impedir que isso aconteça.

Numa Economia Aberta transcendemos essas limitações e redirecionamos as nossas ações individuais e prioridades de tal forma que cada um de nós compreende e se une debaixo deste propósito comum: criar uma vida melhor para todos, e ao fazê-lo criar uma vida melhor para nós próprios.

As Nossas Prioridades

Na minha perspetiva, cada um de nós habita três "domínios":

- **O meu Eu** (incluindo a família mais próxima)
- **A minha Comunidade** (vizinhos, pares, colegas)
- **O meu Mundo** (tudo o resto)

As nossas prioridades estão por esta ordem, o que é normal. O que está errado, contudo, é a forma como espaçamos essas prioridades. Se desenhássemos isto outra vez numa escada de, digamos, dez degraus, poderia surgir algo como isto:

1. **O meu Eu**
2.
3.
4.
5. **A minha Comunidade**
6.
7.
8.
9.
10. **O meu Mundo**

Parece-lhe familiar? Talvez colocasse as coisas de forma ligeiramente diferente, mas dá para perceber a ideia. Se ainda não é óbvio, então considere o seguinte (isto pode doer um bocadinho):

1. **O meu Eu**
2. A minha Propriedade
3. A minha Religião / Crenças Espirituais
4. O meu Estatuto / Imagem Pública
5. **A minha Comunidade**
6. O meu Clube Desportivo Favorito
7. O meu Emprego / Empresa
8. O meu País
9. O meu Programa Favorito de TV
10. **O meu Mundo**

Obviamente, isto é apenas para demonstrar uma ideia e não para ser considerado literalmente, mas o ponto é claro: *damos demasiada prioridade a questões não essenciais, e muito pouca a questões essenciais.* Seja o que for que pensemos acerca de desporto ou religião, nós literalmente *não sobrevivemos* sem a nossa comunidade e sem o nosso mundo. Apesar disso nós não lhes atribuímos a importância devida.

Nós temos que atribuir a mesma importância religiosa que atribuímos ao nosso país, família ou crenças espirituais – *à nossa comunidade inteira e à casa planetária partilhada.*

Isto não é um ideal hippie. Isto não é uma utopia

delirante. Isto não é comunismo. É apenas *física*.

Estamos todos inextricavelmente ligados uns aos outros e à nossa casa planetária viva. Competição dentro de um sistema fechado é autodestruição.

Obviamente, quando toca a prioridades, não podemos colocar nada como mais importante que nós próprios – isso não faria nenhum sentido. Mas precisamos de chegar mais perto de algo como:

1. **O meu Eu**
2. **A minha Comunidade**
3. **O meu Mundo**
4. ...tudo o resto
5. ...tudo o resto

Cada um destes três domínios é essencial às nossas vidas. Precisamos de ter o máximo respeito por cada um, e compreendê-los e à sua interconexão como fundamental para o nosso ser.

Alterar as Nossas Prioridades

Então como é que mudamos as nossas prioridades? De duas formas.

A primeira é a mesma que nos fez enviesá-las – através de campanhas em meios de comunicação de massas e publicidade. Temos todas as ferramentas prontas para o fazermos: televisão, rádio, meios de comunicação escrita e a internet.

Assim como nos foi ensinado o consumismo, a insegurança e a inveja através de repetitivas publicidades a produtos, também podemos disseminar um sistema de valores revisto, demonstrando os benefícios práticos de trabalhar em direção a este propósito comum de cuidarmos uns dos outros e do planeta.

Um bom exemplo em que fizemos já enormes avanços na alteração do nosso comportamento é a reciclagem – através de iniciativas de comunicação muito divulgadas. Em menos de vinte anos quase toda a gente na sociedade ocidental mudou os seus hábitos de despejo e abraçou a reciclagem, graças a essas campanhas de comunicação.

Não há dúvida de que assim que uma nova forma de pensamento se torna moda, espalha-se como um incêndio. Os meios de comunicação já nos mostraram vezes e vezes sem conta. Então vamos começar por admitir até que ponto somos impressionáveis e socialmente motivados, e depois usar isso a nosso favor.

Se podemos ser programados para adorar ícones, obedecer a outras pessoas, comprar coisas tóxicas, e ser distraídos por notícias irrelevantes, então nós podemos ser facilmente programados para cuidar daquilo que interessa e agir em direção a um bem maior.

Em resumo, nós precisamos de começar a reprogramar-nos a nós próprios com as "coisas certas".

A segunda forma de deslocarmos as nossas prioridades está nas nossas ações diárias. Uma vez que somos seres sociais, os nossos hábitos são altamente infeciosos. Aqueles de nós que estão já conscientes de onde as nossas prioridades devem estar podem "ser a mudança", alterando os hábitos para refletir a nova forma de pensar. Muitas pessoas estão já a fazê-lo e isso está a espalhar-se depressa.

Reciclar foi apenas o início. Não para aí. Precisamos de mudar os nossos hábitos para sermos mais inclusivos, para nos empenharmos mais nas nossas comunidades, para nos voltarmos a ligar com a natureza, para partilharmos livremente aquilo que podemos e oferecer ajuda uns aos outros incondicionalmente.

Partilhar é talvez a mais poderosa e clara demonstração

de intenções. Mas vamos ser claros. Por partilhar eu não quero dizer toda a gente do mundo de mãos dadas a cantar *kum-ba-yah*. Isso provavelmente nunca vai acontecer. O que eu quero dizer é partilhar para que a cooperação interpessoal e comunitária se tornem uma *segunda natureza* e *cortesia humana básica,* tal como a educação e as boas maneiras são hoje.

Imagina quão rapidamente o nosso mundo vai mudar quando a partilha incondicional se tornar epidémica?

Remover os Nossos Limites Artificiais

Tudo o que divide ou limita as pessoas, e não existe no mundo físico, é uma construção social artificial. Esse tipo de divisões entre pessoas, que limitam o normal comportamento moral, criam ineficiência, desigualdade e animosidade. Por exemplo:

➢ Fronteiras – limitam o livre movimento de pessoas

➢ Dinheiro / comércio – limitam o acesso aos recursos

➢ Classes sociais – desigualdade de riqueza

➢ Propriedade exclusiva – reduz o acesso a recursos potencialmente partilháveis

➢ Estados / leis – restringem direitos através da cidadania

➢ Propriedade intelectual – reduz a capacidade para melhorar o trabalho de outros

➢ Religião / Raça – animosidade cultural ou tribal[5]

À medida que começamos a mudar as nossas prioridades para aquilo que interessa, as construções

---

[5] A batalha entre raças e religiões pode quase sempre ser explicada através de uma luta de classes ou uma luta por recursos de algum tipo, e não pela cultura.

sociais artificiais que dividem as pessoas vão começar a ficar mais óbvias – e mais obviamente desnecessárias para as pessoas.

Estas divisões, tal como as leis, apenas existem devido à falta de compreensão e empatia.

Uma vez que só existem na nossa imaginação coletiva, a única forma de as remover é "desimaginá-las". Isto é feito simplesmente *expondo-as,* tornando evidentes quais são as coisas que realmente *importam.* À medida que coletivamente mudamos o nosso foco para as coisas reais, naturalmente nos libertamos das imaginárias. Nós damos sempre prioridade àquilo em que estamos focados.

A História está cheia de "factos" que rapidamente se tornam fábulas assim que novas formas de pensar se instalam. Lembram-se de quando fumar tabaco era bom? Ou quando os negros e as mulheres eram vistos como seres inferiores? Ou quando o Sol girava à volta da Terra?

As nossas ideias e conceções estão em constante desenvolvimento. Um dia todas as nações se tornarão meras regiões geográficas. Classes sociais, pobreza e desigualdade serão apenas uma curiosidade da história. Dinheiro e trabalho forçado – inimagináveis.

E quando dissolvermos essas divisões imaginárias, seremos automaticamente forçados a tornarmo-nos mais conectados, e o nosso entendimento uns dos outros crescerá.

Compreensão é a chave para a empatia, a compaixão –
e em última instância a paz.

Viver Numa Economia Aberta

A maior parte das pessoas que já deram alguma atenção à ideia de uma sociedade sem dinheiro sabem que temos a tecnologia para criar um mundo de abundância, sem as restrições e a desigualdade geradas pelo comércio e a governação, em resultado da forma como hoje em dia o trabalho humano pode ser eficientemente automatizado.

Sem escassez, e com uma redução maciça na necessidade de trabalhar, o dinheiro torna-se efetivamente obsoleto. Esta é a teoria. Mas não é a história toda, nem consegue convencer a maior parte das pessoas que entram em contacto com a teoria.

Na minha opinião, este tipo de sociedade sem dinheiro super avançada, ao estilo "Star Trek", está ainda a uma considerável distância. Não porque nos falte a tecnologia, mas porque nos falta a compreensão necessária para a fazer funcionar.

Uma sociedade verdadeiramente livre deveria ser exatamente isso – ilimitada, autodeterminada e auto-organizada para o máximo benefício de todos. Na realidade não precisamos da tecnologia para atingir este objetivo. Apenas precisamos de alterar coletivamente as nossas prioridades. Então e como será o dia-a-dia de uma Economia Aberta? Como irá funcionar a sociedade? Como mantemos um mínimo de ordem e eficiência numa sociedade totalmente livre e sem coação?

Gravidade Social

Começando pelo princípio: Gravidade Social – esta é a cola primordial que mantém a sociedade unida. Somos uma espécie social. Claramente preferimos fazer as coisas juntos. Por isso gravitamos em grupos, equipas, vilas e cidades.

Tudo isto deriva de uma necessidade humana básica – a necessidade de pertença. Tudo, desde as nossas cidades, as nossas culturas, as nossas religiões, até o nosso grande contrato social não escrito do ser-bom-para-os-outros – deriva desta necessidade.

Gravidade Social é a força que nos junta de forma natural – preservando até o nosso atual sistema injusto e desatualizado, com todos os seus defeitos. Isto porque a maior parte das pessoas prefere aceitar um consenso alargado do que aplicar novas ideias radicais. O facto de preservar o nosso sistema, mesmo com as suas injustiças e sofrimento bem à vista, mostra quão poderosa é esta força da Gravidade Social.

Agora imagine quão *mais* poderosa esta força poderia ser numa sociedade que positivamente promova a vida, saúde, diversidade e felicidade para todos. Gravidade Social é a força principal que irá ligar uma Economia Aberta e fazê-la funcionar.

Atualmente, a maior parte dos defensores de uma Economia Aberta estão a lutar contra a Gravidade Social, à medida que se deparam com a resistência das pessoas em separarem-se das ideias e das normas que lhes são familiares. Mas sabemos que isto está a mudar mais a cada dia que passa, conforme as pessoas começam a questionar elas próprias a lógica e a injustiça do sistema predominante.

À medida que mais pessoas mudarem os seus pontos de vista, mais irão "normalizar" o ambiente para que outros o façam também. É por isso que é importante dar a conhecer às pessoas esta nova forma de pensar. Mesmo que discordem agora, pode tornar-se um ponto de referência para elas mais tarde.

Gravidade Social é o que irá manter ordem, equilíbrio e eficiência numa Economia Aberta. Quanto mais pessoas beneficiarem dela, mais forte se tornará.

Autodeterminação

A maior parte das pessoas não compreende o verdadeiro significado de anarquia – ao ponto de eu quase ter desistido de usar o termo. Ao longo dos anos, os meios de comunicação e o pensamento predominante confundiram o seu significado com desordem, caos e violência. Mas isso não é anarquia – isso normalmente é apenas o colapso da opressão.

Os nossos ecrãs estão frequentemente cheios de imagens de jovens a amotinar-se, a atirar mísseis ou a pilhar lojas, com a forte sugestão de que eles se tornaram "fora-da-lei", ou que "a lei e a ordem" precisam de ser restabelecidas. Isto é um mal-entendido muito grave.

Cenas como essas são, na verdade, a *reação à opressão*. Seja o que for que tenha acontecido *antes*, foi isso que criou essas cenas. Não é *raiva*, nem anarquia. É muito importante termos isto em mente.[6]

A melhor maneira para descrever anarquia é olhar para o reino animal. A larga maioria dos animais são criaturas pacíficas que coexistem alegremente com as

---

[6] Seremos facilmente perdoados se pensarmos que este "mal-entendido" é perpetuado deliberadamente pelos meios de comunicação. ;)

outras num ambiente de equilíbrio[7]. A única altura em que um animal é violento é quando tem que matar para comer, ou quando é ameaçado.

Isto é a autodeterminação – o *comportamento padrão de todos os seres*. Quando a sobrevivência não é ameaçada, a coexistência pacífica é o estado padrão de todos os animais, incluindo os humanos. Simplesmente é mais fácil do que a violência.

Os livros de História e os meios de comunicação estão cheios de referências a uma cultura agressiva, a atos de violência hediondos e a tortura – o homem em oposição ao seu semelhante. Isto dá uma impressão duradoura de um homo sapiens sedento de sangue, espancando indiscriminadamente no seu caminho para conseguir o que quer. Mas essa é uma impressão *falsa*, e mais um mal-entendido perigoso acerca do mundo e de nós próprios.

A razão é simples. Guerras, conflito e agressão dão histórias mais interessantes. Por isso são sempre contadas e lidas nos nossos livros de História e nos meios de comunicação. Por outro lado, paz e não-conflito são essencialmente aborrecidos e não há escritos sobre eles – e no entanto provavelmente representam 99,999% de todo o comportamento

---

[7] Um ambiente de equilíbrio é um ambiente em que a escassez e os territórios não são um problema. Numa Economia Aberta, a recuperação da confiança da comunidade e a abundância trarão essa estabilidade ao ambiente.

humano.

Por cada lunático que pega numa arma e começa a atirar sobre pessoas, há milhões e milhões de outras pessoas que *não o fazem*. Mas nunca ouvimos falar sobre elas. A realidade é que a nossa experiência humana, de um ponto de vista estatístico, é quase inteiramente pacífica.

Uma sociedade autodeterminada não usa nem precisa de leis. As leis foram inventadas principalmente para proteger interesses privados e forçar o pagamento de impostos. Num mundo de abundância, maior conexão e maior compreensão de nós próprios, as leis tornam-se redundantes.

Nós somos uma espécie social. Nós *queremos* conviver. Todos nós experimentamos este espírito de humanidade todos os dias na ajuda que recebemos dos nossos colegas de trabalho ou de escola, dos nossos amigos e familiares, e de estranhos – mesmo em tempos de crise. Quando as pressões externas desaparecem, as pessoas são boas umas para as outras.

Desde que cada um de nós tenha as suas necessidades de sobrevivência satisfeitas pela sociedade, não há nada por que competir – pelo menos nada por que valha a pena matar ou morrer.

Claro que não podemos esperar que a autodeterminação faça desaparecer todos os atos de violência sem sentido ou comportamento antissocial.

Mas assim que a escassez deixe de existir como impedimento à própria sobrevivência das pessoas, podemos certamente esperar reduzir essas incidências a um mínimo (Ver *Estratégias Anti Agressão, p.69*).

Vale a pena assinalar que a violência sem sentido e o comportamento antissocial são *ocorrências diárias normais* no nosso atual sistema de leis – e quase todas podem ser diretamente ligadas à escassez e à desigualdade. É francamente absurdo sugerir que esse tipo de comportamento iria aumentar numa sociedade abundante e compassiva.

Fronteiras Naturais

Alguma vez teve um hóspede em sua casa, num dos seus quartos? É a sua casa, e pode ir onde quiser, mas quando alguém está a morar consigo – mesmo que no momento não esteja nesse quarto – sente que esse quarto é "deles"? Como se não pudesse simplesmente entrar e ir buscar algo a esse quarto sem perguntar primeiro?

Este sentimento de não-estar-onde-é-suposto-estar é o nosso já residente sentido de fronteira pessoal. Sente que está a invadir o espaço de outra pessoa.

É um sentido natural de respeito pela privacidade e pelas fronteiras dos outros. É daqui que vem a nossa noção moderna de propriedade – e não o contrário. A propriedade é uma tentativa de formalizar e quantificar este sentimento interior. Claro que sabemos exatamente o quanto este mecanismo de propriedade exclusiva causou problemas como a monopolização de recursos, a concentração de riqueza, e a marginalização daqueles que não podem pagar o preço pedido.

O facto de, numa Economia Aberta, perdermos a capacidade de concentrar riqueza ou empanturrarmo-nos de recursos, não terá impacto nos nossos naturais e implícitos direitos de propriedade. A casa que possui hoje será igualmente a sua casa numa Economia

Aberta, graças ao nosso sentido natural de fronteiras pessoais e respeito pela privacidade.

Educação Aberta

Para darmos a uma Economia Aberta alguma possibilidade de ser bem-sucedida ou sobreviver, é essencial uma revisão radical do nosso atual sistema educativo. De uma forma geral, o nosso atual sistema dá prioridade à leitura, escrita e aritmética como aprendizagens principais. Mas estas estão longe de ser as competências mais importantes que precisamos de adquirir.

As crianças, desde a mais tenra idade, *devem* ter acesso à informação mais importante para que consigam viver uma vida enriquecedora e realizada, com todas as competências para construir grandes relações consigo próprios, interpessoais e com a comunidade. Esta informação pode facilmente ser compilada para crianças de todos os níveis de conhecimento.

A melhor maneira de abordar a educação, penso eu, é começar pelos três domínios que referi antes: *Eu, Comunidade* e *Mundo*. Em cada um destes três domínios podem ser ensinados três níveis de perceção: *Consciência, Respeito* e *Compreensão*.

Consciência do Eu, da Comunidade e do Mundo é o nível mais básico, seguindo-se o Respeito, e depois a Compreensão, onde as questões práticas diárias são aprendidas. Aqui estão alguns exemplos de títulos de tópicos que podem ser deduzidos destas ideias principais:

Consciência

➢ **Eu:** *perceção do eu, funções corporais básicas, vida, respiração, os sentidos, autoconsciência, meditação.*

➢ **Comunidade:** *posição na comunidade, afirmação da igualdade, confiança, compaixão e empatia.*

➢ **Mundo:** *lugar no mundo, o ciclo da vida, outras espécies, o equilíbrio da natureza, a cadeia alimentar.*

Respeito

➢ **Eu:** *amor-próprio, respeito e responsabilidade.*

➢ **Comunidade:** *o sentido do parentesco e da empatia.*

➢ **Mundo:** *a fragilidade dos sistemas de vida, os recursos.*

Compreensão

➢ **Eu:** *anatomia básica, higiene, nutrição, hidratação, lidar com sentimentos negativos, resolução de problemas, preparação de comida, criatividade, perceber o potencial pleno.*

➢ **Comunidade:** *o sentido de partilha, serviço à*

comunidade, liderança, trabalho de equipa, relações interpessoais, comunicação efetiva, sexo, parentalidade e família, responsabilidade, resolução de conflitos.

➤ **Mundo:** *sistemas de água e alimentos, técnicas agrícolas, produção de energia, eficiência, economia, tecnologia, melhoria do habitat natural.*

Além disso, o nosso atual modelo educativo tem embutidas a conformidade e a repetição de factos, que nada fazem para inspirar criatividade ou individualidade nos estudantes. Isto acontece sobretudo devido aos modelos do professor único e do teste padronizado. Neste ambiente o professor está geralmente sob pressão para alcançar resultados específicos e transforma-se em nada mais do que um repetidor de factos.

Num sistema de Educação Aberta, podemos usar técnicas de aprendizagem em grupo – misturar estudantes para a pesquisa de informação e para descobrirem por si próprios como grupo. Desta forma a aprendizagem torna-se uma experiência multidirecional e social, com o professor a agir apenas como um navegador que ajuda os estudantes a chegar à informação que desejam.

Além disso, na aprendizagem em grupo – e sem testes padronizados – não há necessidade de separar os estudantes apenas de acordo com a idade. Estudantes de todas as idades têm algo a aprender, seja através da descoberta, da instrução, ou até ensinando eles próprios aos outros estudantes.

Turmas com crianças de várias idades também acabariam com a concorrência irrealista entre crianças com idade e nível de desenvolvimento similares, conseguindo-se uma analogia bastante mais precisa com o mundo real.

Testes académicos padronizados dariam lugar a testes de aptidão periódicos, para ajudar a orientar os estudantes para os seus principais talentos.

O principal objetivo de aprender deveria ser criar adultos que podem atingir o topo do seu potencial único, com uma compreensão clara dos – e um respeito pelos – seus mundo, comunidade e *pessoa*.

Sem uma sociedade de competição impiedosa, a educação pode ser mais divertida, cativante, relaxada e auto-organizada, dando às crianças a oportunidade de esculpirem o seu próprio caminho sem medo de falharem.

Claro que a linguagem, a aritmética e factos gerais serão ainda ensinados num sistema de Educação Aberta, mas as relevantes e práticas lições sobre a vida, o respeito e as competências sociais *devem ter precedência* de forma a criarmos pessoas melhores e mais felizes.

Nota: Não há nenhuma razão para que elementos de uma Educação Aberta não possam ser introduzidos já hoje.

Serviço Comunitário

Enquanto muitos dos empregos necessários à comunidade serão preenchidos naturalmente por aqueles que são suficientemente apaixonados para lhes dedicarem o seu tempo de forma incondicional – por exemplo, professores, médicos e outras profissões especializadas, etc. – existirá sempre um défice de voluntários para participar em algumas das funções menos glamorosas da sociedade moderna – como varrer as estradas, desentupir canos, pintar edifícios públicos, etc.

O serviço à comunidade é um conceito com o qual a maior parte de nós está já familiarizada – embora normalmente o associemos a um castigo para pequenos delitos. Mas o facto é que um serviço organizado à comunidade é sem dúvida a forma mais eficiente de prestar serviços essenciais a uma população numerosa, de forma equitativa.

Só porque uma sociedade não é baseada na coação isso não significa que não pode ser altamente organizada. No momento da constituição de uma Economia Aberta, será pedido a cada membro da comunidade que contribua com um número mínimo razoável de horas por mês de dedicação à sua comunidade e ao bem comum. Este serviço será um componente central na

Educação Para a Vida de toda a gente.

Além disso, lembrem-se que numa sociedade onde não existe emprego no sentido convencional, essas horas de serviço comunitário serão um compromisso rotineiro para a maior parte das pessoas.

Um calendário mensal de serviços e tarefas necessárias poderá ser publicado, e os membros poderão voluntariar-se para participar nas tarefas que melhor se adequam às suas competências e à sua disponibilidade num dado momento.

O número de horas recomendadas por mês estaria obviamente dependente de fatores locais, por exemplo aquilo que é preciso fazer, a dimensão da população, a disponibilidade de competências, a complexidade das tarefas, etc. Mas a ideia é manter o compromisso das pessoas num mínimo, espalhando a carga de trabalho da comunidade pelo maior número possível de pessoas.

As crianças devem também ser ativamente encorajadas a comprometer-se nos projetos da sua comunidade o mais cedo possível – e nas tarefas mais diversas possíveis. Isto ajudará a que descubram as suas próprias aptidões, se liguem à comunidade e obtenham valiosas experiências de vida ao longo do processo.

Não há nenhuma razão para que o trabalho comunitário num mundo livre seja algo pesado ou para que não possa ser feito de forma divertida. Por exemplo, com um pouco de imaginação algumas tarefas podem até ser transformadas em eventos desportivos em que equipas competem para completar tarefas ou encontrar as soluções mais inovadoras.

O objetivo primordial é que o serviço comunitário, enquanto disponibiliza serviços essenciais, seja também uma experiência satisfatória e cativante de que as pessoas podem desfrutar.

Alocação de Recursos

Uma Economia Aberta não precisa de dinheiro ou de governação para ser organizada. Apenas necessita de um objetivo comum e de uma rede de informação eficaz para manter a sua eficiência. Cada comunidade terá a sua própria central de informação – um inventário completo de recursos, pessoas e competências dessa área. Essa base de dados será preservada e moderada pelos utilizadores e estará ligada a todas as outras comunidades em todo o mundo.

A secção de recursos será um inventário com indicação das localizações num mapa, e uma aplicação de requisição para os utilizadores listarem, encontrarem e pedirem os recursos de que necessitam. Por recursos entende-se qualquer coisa, desde minério de ferro bruto até uma mesa de jantar feita de madeira. Quaisquer recursos físicos que as pessoas tenham disponíveis para partilhar podem ser listados na base de dados.

Qualquer pessoa que procure esses recursos simplesmente fará uma pesquisa na base de dados, encontrará o recurso mais próximo, e colocará uma requisição. Se necessário, as requisições de recursos podem ser rateadas de acordo com a urgência e com a dimensão do benefício para a comunidade.

Por exemplo, uma comunidade que está a necessitar urgentemente de cimento para a reconstrução de um poço terá maior prioridade do que um indivíduo a precisar de cimento para construir uma garagem.

Tal como o inventário, o sistema de requisições será inteiramente transparente, e um utilizador ao fazer um pedido poderá ver onde o seu pedido está posicionado na fila e ler os outros pedidos. Um sistema totalmente transparente é a única forma de evitar mal entendidos e conflitos desnecessários.

Itens que precisam de ser enviados de uma área para outra podem ficar entregues ao sistema de Serviço Comunitário da área de saída, para que possa ser encontrado um condutor e um camião para transportar os bens solicitados – se possível numa rota de transporte já existente.

A secção de competências será um diretório baseado nas localizações das pessoas que querem oferecer o seu trabalho ou competências especializadas a outras. Os utilizadores que procuram essas competências poderão estabelecer contacto com elas diretamente.

Cada comunidade, tal como acontece hoje, terá a sua própria "loja" ou armazém, onde as pessoas vão para obter as coisas de que precisam, como comida, roupas, etc. Os *stocks* da loja serão geridos pelas pessoas, que simplesmente introduzem a informação sobre o que estão a levar, ou sobre aquilo de que necessitarão no futuro. A oferta e a procura é apenas o registo atualizado dos dados dos utilizadores, em permanente atualização e otimização.

Qualquer pessoa que produza comida e bens nessa área pode também abastecer a loja diretamente com qualquer excesso de produção que tiver. Da mesma forma, as pessoas da comunidade farão turnos para gerir ou limpar a loja, etc.

Liderança Orgânica

Só porque uma sociedade autodeterminada não utiliza governação isso não significa que não precise de líderes e modelos. Líderes são pessoas que veem mais longe, podem imaginar maiores possibilidades, conseguem resolver problemas, ou têm a coragem extra e o entusiasmo para inspirar pessoas durante tempos incertos. Numa Economia Aberta as pessoas continuarão a procurar líderes para as inspirar e as ajudar.

Isto não significa que precisemos de governantes. Os governantes não são necessariamente as pessoas que ajudam ou inspiram. Eles apenas governam – normalmente sem qualificação – e tornam-se ocasionalmente em ditadores.

Contudo, algum tipo de estrutura de liderança é sem dúvida uma forma eficiente de concretizar tarefas complexas. (Pensem em realizadores de cinema, por exemplo). Na Liderança Orgânica, líderes de equipa seriam escolhidos para tarefas específicas pela própria equipa, com base na sua capacidade, e apenas enquanto durar a tarefa.

O papel de um verdadeiro líder é meramente administrar os desejos dos outros, ou decidir qual dos caminhos sugeridos é o melhor. Liderança neste formato apenas existirá como e quando for necessária e será baseada no entendimento comum de que uma vez escolhidos, os líderes têm a última palavra em assuntos para os quais foram escolhidos.

Um Esquema de Compromissos por Projeto

Em qualquer comunidade, existirá sempre a necessidade de desenvolver projetos de grande dimensão – como construir uma nova ponte, estrada, escola ou hospital. O atual sistema de mercado funciona bastante bem nestes projetos, porque "prende" monetariamente o pessoal necessário para completar tarefas de grande envergadura, de forma ininterrupta, durante vários meses ou anos.

Num mundo sem dinheiro, a rotação de voluntários, que surgem das comunidades locais, para projetos longos e complexos, pode demonstrar-se ineficiente ou, em alguns casos, impraticável.

A solução será criar um Esquema de Compromissos por Projeto, em que trabalhadores que assim o desejem assumem um compromisso público para participar no projeto até à sua conclusão.

É razoável pensar que qualquer projeto comunitário de larga escala facilmente conseguirá voluntários locais que beneficiam diretamente do projeto. Mas um nível mais elevado de compromisso é necessário para projetos de grande dimensão.

Cada participante pode estar presente numa cerimónia de lançamento do projeto, em que cada um expressa o seu compromisso. O mais importante é que os gestores de projeto obtenham o compromisso pleno e a promessa dos participantes *desde o início*, para que os próprios voluntários também se sintam pessoal e emocionalmente envolvidos no sucesso do projeto. A maior parte das pessoas, quando trabalha em equipas, não quer ser aquela que "deixa a equipa ficar mal".

Tal como acontece com todo o serviço comunitário, os projetos de grande dimensão terão também uma forte ênfase na criação de uma experiência social agradável para os participantes.

À medida que a tecnologia melhore e se torne disponível de forma mais alargada, os projetos maiores e mais intensivos irão obviamente requerer cada vez menos pessoas e trabalho humano. Até lá, um Esquema de Compromissos por Projeto poderá ser uma solução provisória viável.

Um Sistema de Recompensas Comunitário

Obviamente, a noção de dar para receber está firmemente incrustada na nossa cultura. Não é inteiramente claro para mim se conseguiremos alguma vez transcender totalmente este paradigma da recompensa essencialmente baseado no ego – ou sequer se transcendê-lo seria uma boa ideia.

Muitos apoiantes de uma Economia Aberta acreditam que podemos superar o ego. Eu não estou tão seguro uma vez que, ao seu nível mais básico, o ego é parte do nosso mecanismo de sobrevivência. E, na sua forma mais elevada, encarna a nossa individualidade. Seguramente no período intermédio, no processo de mudança de um sistema baseado no mercado para uma Economia Aberta, acredito que será útil manter um sistema de recompensa simbólica ou de honra.

Um Sistema de Recompensas Comunitário[8] será um método de pagamentos simbólicos – uma ferramenta que fornece os meios para premiar e demonstrar o seu apreço por qualquer pessoa que deseje, e que desta forma quantifica uma reputação pública.

---

[8] Um bom exemplo existe já hoje. HonorPay (honorpay.org) tem muitos utilizadores, dando às pessoas um meio para incentivo e recompensa que está para além do dinheiro e dos outros bens físicos.

Os prémios não têm qualquer valor de uso e são apenas símbolos de estima. Num mundo movido apenas por voluntariado, o apreço será um incentivo valioso.

Uma Plataforma de Propostas Aberta

Para assuntos que dizem respeito a um elevado número de pessoas, faz sentido que exista uma plataforma aberta onde cada pessoa pode votar em decisões que afetam toda a gente, fazer ouvir as suas opiniões, e apresentar as suas próprias moções.

Num *hub* comunitário *online* isto será simples de implementar e penso que é um pré-requisito básico para uma sociedade aberta.

Qualquer membro poderá propor uma ideia para melhorar a sua comunidade, e depois os outros membros votam positiva ou negativamente e comentam a proposta. Esta ferramenta tem um valor inestimável na condução de uma comunidade.

Surpreendentemente poderá acabar por ser pouco usada, uma vez que uma sociedade mais conscienciosa e abundante provavelmente ultrapassará esta forma de redução de tudo a escolhas binárias, que deixam para trás um rasto interminável de minorias desapontadas!

Contudo, poderá haver outro propósito bastante mais interessante e útil para uma tecnologia deste tipo, se implementada hoje.

Hoje, mesmo em países supostamente democráticos, as decisões mais importantes relacionadas com coisas como orçamentos, leis, empregos ou conflitos internacionais, nunca são apresentadas para referendo público.

Implementar uma plataforma de votação pública hoje daria às pessoas a oportunidade de "votar" em cada assunto que afeta as suas vidas. Mesmo que esse voto não conte "oficialmente", ainda assim dar-lhes-ia um meio de fazerem ouvir a sua voz coletiva. Por exemplo, seria muito mais difícil a um governo de um país continuar com uma política, quando uma plataforma de votação aberta mostrou claramente que uma larga maioria da população não concorda com essa política.

Uma plataforma como esta poderia desempenhar um papel muito importante na concretização da mudança, enquanto traria também uma tecnologia necessária para a sociedade pós-mudança.

Arbitragem Criativa

Mesmo projetando ou criando muito bem o tipo de mundo que queremos ter, existirão sempre conflitos entre as pessoas, sejam eles sobre relacionamentos, crenças pessoais, ou reivindicações sobre terras ou outras propriedades. Tudo isto é parte da condição de ser humano. Não somos perfeitos. Por isso o melhor é começarmos por aceitar esse facto!

O fator mais importante na resolução de conflitos é, a larga distância, a velocidade. Problemas não resolvidos criam *stress*, animosidade e medo. Estes são os ingredientes explosivos da agressão e da guerra. Por isso, quanto mais cedo for encontrada a solução, melhor.

Quando as pessoas não conseguem encontrar soluções por si próprias, parece razoável que as duas partes nomeiem um árbitro independente em quem ambas confiam para as ajudar a chegar a uma solução. (O árbitro pode ser qualquer pessoa da comunidade que esteja disponível para ajudar.)

Mas vamos definir aquilo que entendemos por 'solução'. No mundo de hoje, as decisões são normalmente conseguidas utilizando a lei ou os tribunais. Quase sempre acabamos por chegar a uma escolha binária em que um lado ganha e o outro perde. Não há nada de errado com isto, em teoria. Mas para criarmos uma sociedade duradoura e estável, *ninguém* deveria alguma vez precisar de ser o perdedor.

Por exemplo, se duas partes A e B estão a discutir direitos de propriedade, e um árbitro, agindo no interesse da comunidade, decide que A é o reivindicador mais merecedor, isso poderá agradar a A e à comunidade, mas deixa ainda assim o B na situação de perdedor. Mesmo que o B aceite a decisão, é deixado com um sentimento de injustiça pessoal e/ou constrangimento que pode fermentar e tornar-se um dos anteriormente mencionados ingredientes da agressão. Isto é desnecessário.

Eu proponho que primeiro seja pedido a cada parte que detalhe à outra parte qual é a sua reivindicação e o seu resultado preferido. Depois cada parte deve ser encorajada a propor um conjunto de soluções que satisfaçam os seus próprios requisitos e os da outra parte – mesmo que pareçam soluções impossíveis. Este exercício mental invoca empatia, criando assim um caminho para uma solução concretizável e mutuamente benéfica.

Numa Economia Aberta, *nunca* deveríamos satisfazer-nos com uma solução que deixa nem que seja uma só pessoa marginalizada. Essa é uma visão limitada. Há *sempre* uma solução criativa que permite um desfecho ótimo, e preferencialmente superior, para todos. E nada deveria ser considerado resolvido enquanto uma solução desse tipo não for encontrada.

Assim que os limites da sociedade tradicional forem elevados, muito mais soluções ficarão disponíveis. Por exemplo, por que razão alguém quererá reclamar a sua casa se pode rapidamente conseguir uma ainda melhor para si próprio num outro lado?

Arbitragem Criativa é encontrar aquela solução fantástica que faz todas as partes mais felizes do que antes. Não deveríamos contentar-nos com menos. As melhores pessoas para ajudar na resolução de conflitos não serão necessariamente as mais sábias mas sim aquelas mais flexíveis e criativas na resolução de problemas.

Estratégias Anti Agressão

Implementar uma Economia Aberta livre e abundante é, sem dúvida, a melhor forma de reduzir as incidências e as causas de comportamentos socialmente aberrantes. Mas, claro, não somos perfeitos, e alguma violência e comportamento antissocial continuará a existir – embora muitas vezes menos do que antes.

Ter um sistema de leis impostas e medidas para derrubar o 'crime' não será nem possível nem desejável numa sociedade autodeterminada. Então, qual é a solução? Como impedimos as pessoas de cometer atos de violência sobre os outros? Como impedimos as pessoas de aproveitar vantagens injustas? Como castigamos as pessoas? Devemos castigar as pessoas?

A resposta é simples: aplicar o bom senso.

Cada situação é única e deve ser tratada dessa forma, usando informação local, respeitando as pessoas envolvidas, e aplicando o bom senso. Arbitragem Criativa pode ser aplicada para resolver conflitos e encontrar um desfecho ótimo, quando apropriado. Mas se não for possível, e alguém estiver continuamente a dificultar a vida a outros ou a ser violento, então tem que ser impedido. É tão simples quanto isto.

Por exemplo, o bom senso determina que não se

permita a um homem armado continuar a matança sem ser interrompido. Ele será obviamente detido. Como e em que medida, isso será determinado pela situação específica. Força drástica pode ser necessária.

No caso de alguém ter mesmo que ser detido, será crucial reintegrá-lo na comunidade o mais cedo possível, porque essa é a melhor forma de ele reavaliar as suas ações ou comportamentos. As pessoas que se sentem valorizadas e apreciadas pelos outros raramente são agressivas.

No mundo de hoje, uma prisão é meramente um local para prender pessoas, para que deixem de ser um perigo. Há muitas estratégias eficazes de reabilitação hoje em dia, disponíveis para serem utilizadas e melhoradas, mas que poderão ser demasiado caras ou exigir demasiado trabalho para serem implementadas com sucesso.

Uma Economia Aberta não teria essas restrições – e presumivelmente teria muito menos detidos – com muitos bons conselheiros disponíveis, suficientemente apaixonados pelo seu trabalho para lhe dedicarem o tempo necessário.

Uma detenção é sempre uma detenção, e seria obviamente o último recurso de uma Economia Aberta. Mas é inútil fingir que ações drásticas não seriam tomadas em circunstâncias drásticas, em consequência da aplicação do bom senso.

Um Farol Comunitário

Para prevenir a decadência social ou a regressão aos métodos feudais, uma Economia Aberta irá necessitar de um sistema de proteção de aviso atempado. Isto poderá talvez ser incorporado na Plataforma de Propostas Aberta e agir como um sistema imunitário para a comunidade no seu todo.

Se há problemas em algumas áreas, com recursos ou com pessoas, onde a qualidade de vida está a tornar-se menos do que ótima, então os membros da comunidade local devem poder lançar alertas – anonimamente se o desejarem – para avisar a comunidade mais alargada sobre o problema.

Como foi dito anteriormente, a velocidade é a chave para encontrar soluções eficazes e aplicar uma abordagem criativa de resolução de problemas.

Por exemplo, digamos que está a ser negado um recurso vital a uma aldeia remota devido à ação de um agricultor local. Um problema como este, se ignorado, pode terminar em confrontação violenta. Que, por sua vez, pode ter repercussões e levar a um conflito tribal de maiores dimensões, etc.

Um sistema de Farol Comunitário poderá alertar uma comunidade vizinha, que poderá intervir rapidamente e imparcialmente, e arbitrar criativamente uma solução. Ou, se isso falhar, encontrar um meio alternativo de fornecer aquele recurso à comunidade. Até poderá ser suficiente alertar o próprio agricultor sobre quão impopular se está a tornar.

Todos os principais conflitos resultam de pequenos problemas não resolvidos. Ao resolver pequenos problemas cedo e eficazmente podemos evitar totalmente os maiores. Um sistema de Farol Comunitário parece ser um pré-requisito para a estabilidade duradoura de uma Economia Aberta.

Histórias da 'Vida Real'

Uma das formas mais eficazes de transmitir novas ideias como a da Economia Aberta é fazê-lo na forma de relatos ficcionados de pessoas em vários cenários, mostrando como a Economia Aberta pode ter impacto e melhorar as suas vidas.[9]

Aqui estão alguns exemplos para o ajudar a visualizá-la:

Jorge o Trabalhador dos Correios

Como carteiro, Jorge estava habituado a iniciar as manhãs bem cedo. Ele chegava ao armazém postal todas as manhãs dos dias de semana às 6:30 para começar a sua ronda. E terminava todos os dias por volta das 3 da tarde. Estava bem financeiramente e muito contente com o seu apartamento no rés-do-chão.

Quando a Economia Aberta chegou, Jorge, tal como a maior parte das pessoas, estava um pouco confuso, mas entusiasmado com a perspetiva de não ter que se levantar tão cedo todos os dias e fazer sempre a mesma coisa. Pouco depois do anúncio, Jorge foi chamado ao

---

[9] O meu romance *F-Day: The Second Dawn Of Man* é uma dramatização longa de eventos que levam a uma Economia Aberta global que poderá achar também interessante.

76

armazém para uma reunião de pessoal. O seu chefe Júlio estava com uma boa disposição surpreendente.

"Como alguns de vocês provavelmente já ouviram," disse Júlio, "o Painel de Transição EA tem estado a enviar orientações a todas as principais empresas de serviços ao longo dos últimos meses..."

Jorge não sabia mas ficou intrigado. Júlio continuou.

"Basicamente as orientações são as seguintes: trabalhar aqui no serviço postal é agora opcional para todo o pessoal. Isto já não é uma empresa com fins lucrativos e, consequentemente, não existirão mais salários. Por isso, qualquer trabalho desenvolvido aqui é agora puramente voluntário..."

Houve alguns risos sufocados dos trabalhadores.

"Mas," continuou Júlio, "a melhor notícia é que agora existirá muito menos correio para entregar. Perto de oitenta por cento do correio atual são faturas, avisos de vencimento e extratos de conta. Obviamente tudo isso terminou, mas continuará a haver algumas coisas que as pessoas querem enviar umas às outras."

"Assim, para qualquer pessoa que esteja ainda interessada em trabalhar aqui de forma voluntária, iremos precisar de cerca de vinte por cento dos homens-hora que estávamos a utilizar antes. Isso significa cerca de 8 horas por semana. Podem dividir isso em dois dias de quatro horas ou da forma que quiserem. Ou podem fazer menos, se trocarem as vossas horas com um ou mais dos outros."

Isto pareceu razoável ao Jorge. Talvez ele pudesse combinar com um dos outros rapazes fazerem 2 dias de 8 horas numa semana e terem uma semana seguinte totalmente livre.

"Oh sim... também," Júlio acrescentou rindo-se, "não precisamos daqueles malucos inícios de madrugada..."

Todos se riram.

"Os negócios, como existiam antes, terminaram!" Júlio proclamou. "O armazém abrirá às 9:00 a partir de agora..."

Houve aclamações espontâneas.

"A única coisa de que precisamos," Júlio continuou, "é que vocês assumam um compromisso firme relativamente às horas que querem fazer – e que honrem esse compromisso. Isso é necessário de forma a conseguirmos prestar um serviço eficiente."

"OK, todos os que querem assinar e comprometer-se com as suas horas, podem por favor avançar e eu começarei a anotar os nomes. Obrigado."

Jorge manteve-se na sua posição para ver o que acontecia. Para sua surpresa, muitas pessoas avançaram, e muitas, como ele, estavam a olhar à volta para ver o que os outros faziam. Jorge avançou e comprometeu-se com as suas dezasseis horas por semana. Júlio agradeceu-lhe e entregou-lhe o formulário.

Olhando para trás, Jorge reparou em três ou quatro dos trabalhadores a abandonarem o edifício sem terem assumido um compromisso. Mas os outros quarenta, ou algo próximo disso, ficaram, conversaram e assumiram também os seus compromissos.

Ele ouviu um dos rapazes a perguntar a Júlio o que aconteceria se mudasse de ideias.

"Nenhum problema, Jaime," disse Júlio, "mas avisa-nos com suficiente antecedência, para podermos reorganizar a lista, OK?"

Guilherme, Ana, Isabel e António

O Guilherme esteve desempregado quase três anos, desde que os fabricantes locais de metal fecharam. Felizmente, a Ana conseguiu manter o seu emprego na sala de cinema, mas era uma luta. Os livros escolares para a Isabel de treze anos estavam a deixá-los sem dinheiro. Já para não falar do seu recentemente descoberto interesse por rapazes e moda! O António de oito anos era um miúdo excelente que nunca se queixava, embora eles tenham ficado chocados ao saber que ele vinha sendo intimidado na escola.

Na sua cidade, a Economia Aberta como que forçou a sua entrada, dado que o elevado desemprego forçou as pessoas a procurar alternativas de partilha. Então, quando o governo local fez o anúncio, foi mais um alívio do que um choque. Agora que era 'oficial' podiam finalmente organizar-se a eles próprios.

Imediatamente, a Ana deixou o cinema para sempre e dirigiu-se para a escola para se oferecer como professora. Ela leu o novo Manual de Educação para a Vida, que andou a circular pelas escolas ao longo do último ano, e estava supremamente impressionada. Finalmente uma educação focada em criar melhores pessoas – não trabalhadores – e que não deixa ninguém para trás. Ela estava pronta a aderir, para que nenhum outro miúdo tivesse que suportar aquilo que o António suportou.

O Guilherme tinha lágrimas nos olhos no dia em que a fábrica de metal voltou a abrir. Todas as máquinas estavam ainda intactas e a ganhar pó. Obviamente até os liquidatários pensaram que era demasiado complicado retirá-las. O velho dono da fábrica voltou a abri-la para a comunidade e para ajudar com a construção da nova estufa que foi sugerida pelo Comité de Planeamento EA. Guilherme indicou o seu nome de imediato.

A Isabel ficou espantada quando a sua mãe a sentou e lhe perguntou se queria ser professora na escola.

"Mãe, só tenho treze anos," protestou ela.

"Isso não interessa, querida," disse Ana. "As coisas já não funcionam dessa forma. Nós estamos todos a aprender, e somos todos professores. Ao ajudar os miúdos mais novos tu vais aprender também. Chama-se aprendizagem em grupo."

"Então poderei ensinar o António?" brincou ela, dirigindo-lhe um sorriso maldoso de brincadeira.

"Sim!" gritou o António, saltando da cadeira.

"Não," insistiu a Ana. "Poderão ensinar-se um ao outro."

Margarida

Desde que o seu marido morreu, há vinte anos atrás, Margarida nunca parou de se surpreender a si própria. A pequena vinha que compraram juntos - que Carlos quase destruiu – era agora um empreendimento de muitos milhões de Euros, graças à sua até agora desconhecida perspicácia negocial.

Depois de muitos anos difíceis, e muitas decisões acertadas, ela sozinha transformou aquele lugar numa pequena mina de ouro, empregando mais de trinta pessoas.

Quando ela ouviu falar dos planos para uma Economia Aberta, através da sua vizinha, ficou furiosa. Depois de todo o seu trabalho árduo a construir um império, iria tudo isso ficar reduzido a nada? Iria lutar até ao último suspiro quando chegasse o momento da votação.

Um dia chegou um grande pacote, endereçado da Equipa de Planeamento EA local. Ela praguejou e atirou-o para o lado.

Mais tarde a sua filha chegou a casa, resgatou o pacote do lixo e começou a ver o que trazia.

"Mãe," disse ela, "sabes que deverias mesmo ler isto. Isto parece, umm, fantástico..."

"Oh não, não tu também querida," resmungou Margarida. "É como se a Invasão dos Ladrões de

Corpos tivesse chegado a esta cidade."

Mais tarde, depois de Emília ter ido para casa, Margarida pegou na brochura que a sua filha claramente tinha deixado estrategicamente aberta na mesa. *'Como a Economia Aberta Vai Afetar o Seu Negócio'* era o título. Ela começou a ler:

'Porque tem um negócio?

'Provavelmente por duas razões: para fazer algo de útil, e para ganhar dinheiro.

'Numa Economia Aberta não usamos dinheiro. O objetivo é criar uma sociedade compassiva onde é valorizada a comunidade ao ponto de nos ajudarmos uns aos outros sem uma pré-condição. Se todos nos empenharmos nisso, podemos conseguir uma fantástica abundância para todos – e não só para um pequeno grupo de eleitos.

'Assim, se começou um negócio apenas para fazer dinheiro, então a Economia Aberta está prestes a libertá-la de todo esse esforço, para que possa aproveitar uma vida de abundância sem todo o stress de gerir um negócio.

'Se, contudo, começou um negócio para fazer algo de útil, então por favor continue a fazê-lo! Enquanto continua a desempenhar um papel importante na sua comunidade, agora tem a possibilidade de fazer esse 'algo' no limite máximo do seu potencial...'

Margarida estava perplexa. "Como faço melhor vinho sem pessoal e sem fornecedores?" murmurou.

Continuou a ler.

'Imagine que todos os seus empregados estavam comprometidos – não pelo dinheiro que lhes paga – mas pelo amor ao que fazem – tal como você?

'Numa Economia Aberta, toda a gente trabalha naquilo que ama, e os empregos que sobram são rodados pela comunidade. Quando anunciar ao seu pessoal que estamos a introduzir uma Economia Aberta e que toda gente agora é voluntária, saberá que aqueles que ficarem consigo são aqueles que são tão apaixonados como você...'

Margarida tentou prever esse cenário – fazer o anúncio e tentar imaginar quem ficaria. De imediato, conseguia pensar em 5 colaboradores de topo que seguramente ficariam, e alguns outros que provavelmente sairiam. De facto, pensando bem no assunto, aqueles que imaginava a sair eram aqueles que ela ficaria contente em ver pelas costas! E, se a Economia Aberta realmente chegar, talvez as pessoas mais apaixonadas por fazer vinho venham ter com ela para ajudar?

Ela questionou-se: se todos os apanhadores saírem talvez possam rodar essa tarefa pela comunidade? Então lembrou-se de todos aqueles verões em que os estudantes vieram ter com ela, procurando trabalho e alojamento gratuito. Eles não fizeram só a apanha, eles passaram o melhor tempo das suas vidas.

Agora sentia-se dividida sobre isto. Ela conseguia ver como era possível, e – supunha – eles iriam encontrar uma forma de fazer isto funcionar de uma forma ou de outra.

E talvez, quem sabe, trabalhar puramente por paixão seja a melhor maneira de fazer o melhor vinho?

Sofia e Henrique

Passaram cinco anos desde o dia em que a Economia Aberta foi anunciada na cidade do Henrique e da Sofia. Se bem que já não era realmente a sua cidade, uma vez que eles se mudaram várias vezes desde essa altura. Agora no início dos seus trintas, eles acabam de chegar para as celebrações do quinto aniversário.

Nos últimos cinco anos eles viveram em dezassete países, encontrando casas no *hub* e mergulhando nas comunidades locais. Em todos os locais em que estiveram, viveram bem, trabalharam em projetos fantásticos e fizeram grandes amigos. Desde os grandes painéis solares em Espanha, o projeto de auto quinta a grande altura perto de Moscovo, os barcos de cruzeiro no Báltico, o projeto do banco de glaciares na Gronelândia, até à soja mexicana e às quintas de espelta, e até pilotar um avião na iniciativa de bombardeamento de sementes no Brasil.

Eles eram realmente apaixonados pelo seu planeta. Como muitos outros, eles viram os filmes que saíram no Ano Dois, do Grupo Humanidade Aberta, com a sua inspiradora campanha educacional *Terra Limpa*.

Agora estavam finalmente em casa para ver como a sua cidade tinha mudado. E quando saíram da estação de comboios, a mudança era óbvia. O ar era claro e limpo. Não havia barreiras para apresentação de bilhetes. Não havia pessoal de segurança. A rua estava silenciosa, com exceção de um ladrar distante.

Porém, passavam carros.

"Ah," disse Henrique. "Carros elétricos! Tão silenciosos."

Ao olhar para cima e para baixo na rua viram muitas pessoas em bicicletas, a passear cães, a conversar e a jogar naquilo que parecia ser uma nova área de lazer para adultos.

"Não consegues ver?" Sofia perguntou a Henrique de repente.

"Er, ver o quê?" respondeu o Henrique.

"Não há ninguém apressado..."

"Ahh, tens razão," exclamou o Henrique, "e," disse ele, olhando à sua volta outra vez, "não há ninguém de fato!"

"Ha ha!!" Sofia rebentou numa gargalhada.

"Lembras-te," disse ele pegando-lhe na mão, "de te encontrares comigo naquele parque ali, na tua hora de almoço..."

"Sim, e o meu salto partiu no regresso ao trabalho..." disse ela começando a rir. "Lembro-me da forma como o meu chefe olhou para mim quando regressei ao escritório descalça...ha ha... tão austera e tão séria..."

"Chefe!" Henrique explodiu. "Quão ridículo isso soa!"

O seu riso foi subitamente interrompido por uma grande sombra negra que apareceu por cima deles. Olharam para cima.

Acima deles estava uma aeronave prateada gigante com a forma de um ursinho, com pessoas a acenar para baixo, para eles, através das janelas. Henrique olhou para Sofia.

"Parece que as celebrações começaram cedo," gritou ele. "Anda daí!"

O Caminho Para a Economia Aberta

Então, como é que chegamos lá?

Para a maioria das pessoas a ideia de uma 'utopia' sem dinheiro é seguramente desejável – mas talvez daqui a cem anos ou algo assim. A única razão pela qual pensam assim é porque a ideia é demasiado remota para o seu pensamento convencional. Claro, o dinheiro é absolutamente uma parte integrante das nossas vidas neste momento, por isso esta é uma reação compreensível.

Mas há duas razões para que isto seja falso. 1) Muito daquilo que define uma Economia Aberta está já a acontecer hoje, e 2) Nós tipicamente subestimamos a velocidade a que a sociedade muda assim que uma ideia é aceite.

Já Está a Acontecer

A internet e o movimento *open source* provaram, para lá de qualquer dúvida, que coisas espantosas podem acontecer de forma voluntária. Grandes exemplos são o Linux, um dos mais populares sistemas operativos do mundo, o Google Chrome (ou Chromium), o mais popular *browser* do mundo, e o Android, o mais popular software para dispositivos móveis. Tudo isto foi desenvolvido apenas por voluntários um pouco por todo o mundo, num processo auto-organizado chamado 'forking' em que as melhores ideias e abordagens vencem de forma natural.

Assistimos ao crescimento do conteúdo gratuito na internet – Youtube, Wikipedia, Yahoo, Google, Facebook, etc. Embora a maioria destes sítios tenha incorporado publicidade no seu modelo de negócios atual, todos começaram – e deixaram a sua marca – como serviços puramente voluntários. As gerações mais novas de hoje esperam conseguir conteúdos como música, vídeos e software gratuitamente porque essa é atualmente a norma.

Uma rápida pesquisa na internet também revelará o crescimento de projetos de "mente livre", que aparecem por todo o lado. Iniciativas de negócio 'Paga quanto quiseres' ou de 'contribucionismo', em que pagas apenas o que quiseres; sítios em que pessoas oferecem bens, trocas e serviços como *Freecycle, Free World Network, Timebanks, Streetbank* estão todos a tornar-se amplamente utilizados. Projetos de construção ecológica como Open Source Ecology e Natural Homes oferecem soluções mais fáceis e melhores para construir uma casa por perto de nada. Uma abundância de movimentos 'fim do capitalismo' como *Occupy Wall St., Anonymous, The Free World Charter, Ubuntu, The Venus Project, The Zeitgeist Movement,* etc. estão todos a apontar uma economia sem dinheiro e colaborativa como o único futuro viável. Muitas pessoas famosas e respeitadas como Russell Brand, Lee Camp, Paul Mason (jornalista) e Jeremy Rifkin (conselheiro governamental) estão a usar a sua notoriedade para revelar aquilo que realmente está a acontecer, e que novas possibilidades existem. É apenas uma questão de tempo até que muitas mais celebridades se juntem a eles.

Até sítios como a Uber e a AirBnb nos mostram como iniciativas colaborativas e movidas por pessoas estão a destruir o velho modelo do controlo centralizado.

Mas, para além do que está a acontecer agora, a Economia Aberta esteve *sempre* a acontecer mesmo em frente dos nossos olhos, de muitas formas.

Nós somos, cada um de nós, membros de vários 'clubes' exclusivos. As nossas famílias, os nossos amigos, os nossos colegas de trabalho, os nossos vizinhos. Vezes sem conta ao longo das nossas vidas nós somos contribuidores voluntários para esses 'clubes', dando incondicionalmente, ou chamando-os quando nós próprios precisamos de ajuda. Por exemplo, o seu irmão precisa de uma boleia, um colega precisa de ajuda para reparar alguma coisa, realiza uma tarefa para um amigo, precisa de pedir emprestado o corta-relva de um amigo, etc.

Para a maior parte de nós, estes atos de dar ou partilhar incondicionalmente são tão automáticos que não lhes prestamos qualquer atenção. E no entanto estas são as transações que fazem a sociedade humana funcionar, e são os blocos de ADN que permitem construir uma Economia Aberta.

E não ajudamos apenas as pessoas que conhecemos e amamos. Nós também ajudamos pessoas que não conhecemos. A maior parte de nós apressar-se-á para ajudar quando vê alguém que caiu ou deixou cair alguma coisa; damos dinheiro para associações para ajudar estranhos com necessidades; nós unimo-nos em tempos de crise – mesmo quando pode ser perigoso fazê-lo; damos o nosso melhor para ajudar um estranho que nos pergunta uma direção; seguramos a porta aberta para alguém que vem atrás de nós.

Tudo isto são os possibilitadores de uma Economia Aberta, a acontecer já hoje – e nós estamos todos a fazê-lo!

Os comportamentos e os exemplos para uma colaboração natural estão já lá. Nós apenas temos que estender isto para lá dos nossos amigos e famílias, para lá dos tempos de crise, para lá da necessidade de recompensa, em direção a um sentimento global de parentesco e responsabilidade mútua.

O passo comportamental necessário é pequeno, e assim que o virmos repetido por outros, então esse comportamento ficará cimentado na nossa mente. *Quando beneficiamos de um comportamento, tendemos a repetir esse comportamento.*

A Velocidade da Mudança Social

Como estamos tão ligados socialmente, a informação nova na nossa 'rede' espalha-se muito depressa. Quando alguém concebe uma excelente nova invenção ou faz uma espantosa descoberta, toda a gente fica a saber realmente depressa.

Quando os telefones móveis apareceram, eram revolucionários. Imediatamente toda a gente queria um. Claro, a tecnologia era ainda bastante primitiva e proibitivamente dispendiosa, mas a procura das pessoas era tanta que empurrámos a tecnologia para a frente para fazê-la acontecer muito rapidamente. Após vinte anos, quase toda a gente no planeta hoje tem um telefone móvel.

Mas, e quanto a mudanças comportamentais? O melhor exemplo em tempos recentes tem que ser a reciclagem. No início dos anos noventa, os governos começaram a ficar sob pressão dos cientistas ambientais relativamente aos perigos das alterações climáticas.

Este tipo de mudança social é muito diferente da do exemplo do telefone móvel, porque ninguém beneficia diretamente da reciclagem. E no entanto, com fortes campanhas dos meios de comunicação e de informação, a noção de reciclagem finalmente tornou-se uma moda. Agora quase todas as casas no mundo ocidental ativamente e responsavelmente reciclam o seu lixo.

Este fenómeno da reciclagem é crucialmente importante porque não emana do interesse próprio. É uma causa para um bem maior que com sucesso mudou o comportamento de biliões de pessoas. Este é o mesmo mecanismo que trará uma Economia Aberta, assim que se torne suficientemente desejada pelas pessoas.

Criar a Economia Aberta Hoje

Contudo, ao contrário da reciclagem, a mudança, desta vez, provavelmente não surgirá dos líderes do sistema vigente porque eles estão demasiado envolvidos pessoalmente. Talvez isso mude, mas cabe a pessoas como você e eu, e aos milhões de outros como nós, mostrar o caminho aos outros e trazer a Economia Aberta para todos.

Agora que as ideias de partilha e cooperação estão já a tornar-se alternativas viáveis para as pessoas, as redes sociais e a internet estão a agarrá-las. Mas a partilha tem que atingir um 'patamar de utilidade' crítico em que começa a desafiar o sistema de mercado existente. Quando isso acontecer, tornar-se-á tão popular que os meios de comunicação convencionais perceberão que é impossível ignorá-la. *Nesse momento* a mudança sísmica começará.

Enquanto uma Economia Aberta bem-sucedida precisa da cooperação de todos para criar a desejada abundância e diversidade de competências, há muitas formas através das quais a podemos manifestar hoje. Ao manifestá-la hoje, estamos não só a afastar-nos dos velhos sistemas mas estamos a aprender e a aperfeiçoar o novo sistema, ao mesmo tempo que o apresentamos a outros. Aqui está um resumo do que pode fazer hoje.

Partilhar!

Habitue-se a partilhar o seu tempo, competências e recursos com pessoas que conhece. Pesquise em sítios como Freecycle, The Free World Network, Freegle, Streetbank, Timebanks, Hylo. Todos estes sítios lhe permitem procurar e encontrar itens úteis na sua área, para levar ou pedir emprestado, ou serviços gratuitos oferecidos por outras pessoas.

Partilha Comunitária

Comece ou adira a um grupo de partilha gratuita na sua área. Há muitos exemplos e modelos que pode seguir. Veja a ideia do Círculo de Partilha Comunitária em Freeworlder.com. Para grupos maiores e localidades, procure em Ubuntu Contributionism.

Se tem um espaço comercial, uma loja, ou um espaço disponível numa área pública, pense em estabelecer uma tenda 'Pega ou Deixa' ou um 'Espaço de Partilha', onde as pessoas podem levar ou deixar alguma coisa sem pagar.

Autossuficiência

Tornar-se autossuficiente é uma forma de vida muito atraente e um ato de rebelião para muitas pessoas, mas devo deixar uma nota de cautela: onde precisamos de chegar é a uma sociedade colaborativa. Uma vida autossustentada é uma vida autocentrada, o que é mais ou menos a mesma mentalidade que nos meteu nos sarilhos em que estamos.

De qualquer forma, dito isto, nós realmente precisamos de aprender mais auto dependência e responsabilidade. Cultivar a sua própria comida é fácil se tiver um pouco de paciência – e, acredite ou não, ela vem mesmo do chão – de graça! E quando tem em abundância, pode também partilhar os frutos do seu trabalho!

Considere também outras formas de se tornar autossustentável, como aquecedores de água solares, captar água da chuva, utilizar fontes alternativas de combustível para o seu carro ou aquecimento. A maior parte destas formas custam dinheiro. Mas, com um pouco de engenho e alguma ajuda da internet, consegue habitualmente encontrar alternativas de baixo custo ou mesmo gratuitas.

Eduque-se a Si Próprio!

Hoje em dia, quase não há desculpa para contratar alguém para fazer algo por si porque pode aprendê-lo por si próprio! Agora há um vídeo de ajuda e orientação para quase tudo o que precisa de fazer, no YouTube ou no Wikihow. Tudo desde cortar o cabelo até cultivar os seus próprios vegetais até reparar o seu carro – toda esta informação está agora disponível e foi fornecida gratuitamente por voluntários! Aprender uma nova competência dá-nos poder.

Adicionalmente, se tem uma competência específica ou algo que poderia ensinar, então porque não pensar em fazer um vídeo e ensinar outros como fazê-lo também?

Bibliotecas de Ferramentas

Procure uma biblioteca de ferramentas na sua área. Se não há, crie uma. São uma excelente forma de partilhar as ferramentas e o equipamento que raramente usamos. Como as pessoas já 'entendem' a ideia de uma biblioteca, é fácil para elas compreender como funciona e perceber os benefícios.

Partilha de Carros/ Partilha de Boleias

Isto não é só uma forma prática para todos de poupar custos com percursos regulares, mas também uma boa oportunidade para discutir os benefícios subjacentes e o potencial de uma Economia Aberta com o seu condutor ou passageiro.

Presumivelmente, eles terão a mente suficientemente aberta para não o deixarem na berma da autoestrada!

Utilize Código Aberto ('Open Source')

Pondere utilizar software de código aberto ('open

source') no seu computador. Este software está realmente avançado hoje em dia. Linux e Ubuntu são poderosos rivais do Windows; Open Office ou Libre Office têm as mesmas funcionalidades do Microsoft Office, Word e Excel. Gimp é tão bom ou melhor que o Photoshop. Audacity é uma excelente ferramenta de gravação de áudio, e VSDC é um pacote poderoso de edição de vídeo. Estes são apenas alguns exemplos. Uma rápida pesquisa revelará muitos mais na sua área de interesse específica.

Construa a Sua Própria Casa

À procura de uma casa? Pondere uma casa ecológica construída por si e feita de fragmentos ou materiais reciclados. Mais uma vez, graças à internet, há uma tonelada de informação e de guias por aí para o ajudar a construir a sua própria casa desde o início. De uma forma geral, estas casas ecológicas também têm um grau muito superior de eficiência energética face às casas convencionais e custam apenas uma fração do preço.

Claro, podem ser muito trabalhosas. Mas se estiver empenhado ou tiver muitos amigos que podem ajudar, então é fácil! Procure Earthships, Natural Homes e Open Source Ecology para alguma inspiração de tirar a respiração. Se está a pensar embarcar numa hipoteca para toda a vida, não o faça!!

Torne-se um Guru das Reparações

Reaprenda a gentil arte da reparação ou reutilização dos seus itens velhos ou partidos. Esta era a prática normal no tempo dos nossos pais e avós, mas a cultura do plástico e da tralha descartável meteu-se no caminho. Qualquer coisa que não tenha reparação pode quase sempre ser usada para outra coisa, por isso não a deite fora – seja criativo!

'Repair Café'

Se gosta de reparar coisas, pondere juntar-se a ou criar um "repair café". Estão a tornar-se muito populares agora na Europa, e se tem um espaço de loja pode montar um facilmente. A ideia é que as pessoas venham reparar as suas coisas enquanto tomam um café e conversam. É uma grande iniciativa social e, claro, o pagamento é puramente opcional.

Torne-se Vegan!

Este assunto não está diretamente relacionado com uma Economia Aberta, mas está diretamente relacionado com compaixão, saúde e questões ambientais.

Para além de evitar crueldade sobre os animais, há hoje evidência esmagadora de que uma dieta baseada em plantas é melhor para o seu corpo, e que a criação de animais é um dos principais contribuidores para as alterações climáticas, quer através de emissões de metano, quer através de deflorestação, uma vez que florestas são derrubadas para darem lugar a pastagens.

E há toneladas de excelentes alternativas à carne, ao leite e ao queijo disponíveis hoje em dia, por isso é bastante fácil!

Espalhe a Mensagem

Fale sobre as suas atividades 'grátis' com pessoas que conhece. Apresente-os às ideias de uma Economia Aberta. Publique nas suas páginas nas redes sociais sobre essas ideias. Pesquise iniciativas como The Free World Charter, The Zeitgeist Movement, The Venus Project, Ubuntu, New Earth Nation, The Money Free Party, Resource-Based Economy. Há uma quantidade massiva de material disponível por aí agora para o ajudar a espalhar a mensagem.

Promova Este Livro

Eu intencionalmente fiz este livro tão curto e simples quanto possível para tentar chegar a mais pessoas com esta mensagem.

Por favor citem livremente a partir deste livro, partilhem-no nas vossas páginas nas redes sociais ou passem-no aos vossos amigos. Se quiser, pode fazer reimpressões[10] e dá-las ou mesmo vender cópias a pessoas na sua área que pensa que estão preparadas para ouvir esta mensagem.

Esta mudança começa comigo e consigo. Então, vamos começar?

O

A Economia Aberta

---

[10] Uma licença de reimpressão do autor está disponível. Ver no interior da primeira página.

Fontes Web Recomendadas

www.freeworldcharter.org

www.freeworlder.com

www.thezeitgeistmovement.com

www.thevenusproject.com

www.newearthnation.org

www.ubuntuparty.org.za

Procure no YouTube:

'make everything free'

'zeitgeist addendum'

'jacque fresco'

'contributionism'

'resource-based economy'

'peter joseph'

'alan watts'

'gift economy'

Outros livros deste autor:

F-Day: The Second Dawn Of Man
Contagem decrescente para um mundo sem dinheiro. A história
da transição.

www.ingramcontent.com/pod-product-compliance
Lightning Source LLC
Chambersburg PA
CBHW031729210326
41520CB00042B/1468